AF607132
ΛVERSO

POEMA DEL OTOÑO Y OTROS POEMAS

Rubén Darío

Número 38 de la Colección **AVERSO POESÍA**

Poema del otoño y otros poemas

Edición al cuidado de Averso Poesía
www.aversopoesia.com

Primera edición: septiembre de 2024
ISBN: 978-84-10027-44-2
Depósito Legal: GR 1424-2024

Impreso en España - *Printed in Spain*

El papel utilizado para la impresión de este libro está calificado como papel ecológico y procede de bosques gestionados de manera sostenible.

POEMA DEL OTOÑO Y OTROS POEMAS

RUBÉN DARÍO

Poema del otoño

A Mariano Miguel del Val

Tú que estás la barba en la mano
meditabundo,
¿has dejado pasar, hermano,
la flor del mundo?

Te lamentas de los ayeres
con quejas vanas:
¡aún hay promesas de placeres
en los mañanas!

Aún puedes casar la olorosa
rosa y el lis,
y hay mirtos para tu orgullosa
cabeza gris.

El alma ahíta cruel inmola
lo que la alegra,
como Zingua, reina de Angola,
lúbrica negra.

Tú has gozado de la hora amable,
y oyes después
la imprecación del formidable
Eclesiastés.

El domingo de amor te hechiza;
mas mira cómo
llega el miércoles de ceniza;
Memento, homo...

Por eso hacia el florido monte
las almas van,
y se explican Anacreonte
y Omar Kayam.

Huyendo del mal, de improviso
se entra en el mal
por la puerta del paraíso
artificial.

Y, no obstante, la vida es bella,
por poseer
la perla, la rosa, la estrella
y la mujer.

Lucifer brilla. Canta el ronco
mar. Y se pierde
Silvano oculto tras el tronco
del haya verde.

Y sentimos la vida pura,
clara, real,
cuando la envuelve la dulzura
primaveral.

¿Para qué las envidias viles
y las injurias,
cuando retuercen sus reptiles
pálidas furias?

¿Para qué los odios funestos
de los ingratos?
¿Para qué los lívidos gestos
de los Pilatos?

¡Si lo terreno acaba, en suma,
cielo e infierno,
y nuestras vidas son la espuma
de un mar eterno!

Lavemos bien de nuestra veste
la amarga prosa;
soñemos en una celeste,
mística rosa.

Cojamos la flor del instante;
¡la melodía
de la mágica alondra cante
la miel del día!

Amor a su fiesta convida
y nos corona.
Todos tenemos en la vida
nuestra Verona.

Aun en la hora crepuscular
canta una voz:
«¡Ruth, risueña, viene a espigar
para Booz!».

Mas coged la flor del instante,
cuando en Oriente
nace el alba para el fragante
adolescente.

¡Oh! Niño que con Eros juegas,
niños lozanos,
danzad como las ninfas griegas
y los silvanos.

El viejo tiempo todo roe
y va deprisa;
sabed vencerle, Cintia, Cloe
y Cidalisa.

Trocad por rosas azahares,
que suena el son
de aquel *Cantar de los Cantares*
de Salomón.

Gozad de la dulce armonía...
Príapo vela en los jardines
que Cipris huella;
Hécate hace aullar los mastines;
mas Diana es bella,

y apenas envuelta en los velos
de la ilusión,
baja a los bosques de los cielos
por Endimión.

¡Adolescencia! Amor te dora
con su virtud;
goza del beso de la aurora,
¡oh juventud!

¡Desventurado el que ha cogido
tarde la flor!
y ¡ay de aquel que nunca ha sabido
lo que es amor!

Yo he visto en tierra tropical
la sangre arder,
como en un cáliz de cristal,
en la mujer.

Y en todas partes la que ama
y se consume
como una flor hecha de llama
y de perfume.

Abrasaos en esa llama
y respirad
ese perfume que embalsama
la Humanidad.

Gozad de la carne, ese bien
que hoy nos hechiza,
y después se tornará en
polvo y ceniza.

Gozad del sol, de la pagana
luz de sus fuegos;
gozad del sol, porque mañana
estaréis ciegos.

Gozad de la dulce harmonía
que a Apolo invoca;
gozad del canto, porque un día
no tendréis boca.

Gozad de la tierra, que un
bien cierto encierra;
gozad, porque no estáis aún
bajo la tierra.

Apartad el temor que os hiela
y que os restringe;
la paloma de Venus vuela
sobre la Esfinge.

Aún vencen muerte, tiempo y hado
las amorosas;
en las tumbas se han encontrado
mirtos y rosas.

Aún Anadiómena en sus lidias
nos da su ayuda;
aún resurge en la obra de Fidias
Friné desnuda.

Vive el bíblico Adán robusto,
de sangre humana,
y aún siente nuestra lengua el gusto
de la manzana.

Y hace de este globo viviente
fuerza y acción
la universal y omnipotente
fecundación.

El corazón del cielo late
por la victoria
de este vivir, que es un combate
y es una gloria.

Pues aunque hay pena y nos agravia
el sino adverso,
en nosotros corre la savia
del universo.

Nuestro cráneo guarda el vibrar
de tierra y sol,
como el ruido de la mar
el caracol.

La sal del mar en nuestras venas
va a borbotones;
tenemos sangre de sirenas
y de tritones.

A nosotros encinas, lauros,
frondas espesas;
tenemos carne de centauros
y satiresas.

En nosotros la Vida vierte
fuerza y calor.
¡Vamos al reino de la Muerte
por el camino del Amor!

INTERMEZZO TROPICAL

Mediodía

Midi, roi des étés, como cantaba
el criollo
francés. Un mediodía
y el azul fuego envía.

Es la isla del Cardón, en Nicaragua.
Pienso en Grecia, en Morea o en Zacinto.
Pues al brillo del cielo y al cariño del agua
se alza en frente una tropical Corinto.

Penachos verdes de palmeras. Lejos,
ruda de antigüedad, grave de mito,
la tribu en roca de volcanes viejos,
que, como todo, aguarda su instante de infinito.

Un ave de rapiña pasa a pescar y torna
con un pez en las garras.
Y sopla un vaho de horno que abochorna
y tuesta en oro las cigarras.

Vesperal

Ha pasado la siesta
y la hora del poniente se avecina,
y hay ya frescor en esta
costa, que el sol del Trópico calcina.
Hay un suave alentar de aura marina,
y el occidente finge una floresta
que una llama de púrpura ilumina.
Sobre la arena dejan los cangrejos
la ilegible escritura de sus huellas.

Conchas color de rosa y de reflejos
áureos, caracolillos y fragmentos de estrellas
de mar forman alfombra
sonante al paso en la armoniosa orilla.
Y cuando Venus brilla,
dulce, imperial amor de la divina tarde,
creo que en la onda suena
o son de lira, o canto de sirena.
Y en mi alma otro lucero como el de Venus arde.

Canción otoñal

Aire de «seminole»,de Egbert Van Alstyne

En occidente húndese
el sol crepuscular;
vestido de oro y púrpura
mañana volverá.
En occidente húndese
el sol crepuscular;
vestido de oro y púrpura
mañana volverá.
En la vida hay crepúsculos
que nos hacen llorar,
porque hay soles que pártense
y no vuelven jamás.

CORO

Vuela la mágica ilusión
en un ocaso de pasión,
y la acompaña una canción
del corazón.

Este era un rey de Cólquida,
o quizá de Thulé,
un rey de ensueños líricos
que sonrió una vez.
De su sonrisa hermética
jamás se supo bien
si fue doliente y pálida
o si fue de placer.

Coro

Vuela la mágica ilusión
en un ocaso de pasión,
y la acompaña una canción
del corazón.

La tarde melancólica
solloza sobre el mar.
Brilla en el cielo véspero
en su divina paz.
Y hay en el aire trémulo
ansias de suspirar
porque pasa con céfiro
como el alma otoñal.

Coro

Vuela la mágica ilusión
en un ocaso de pasión,
y la acompaña una canción
del corazón.

Raza

Hisopos y espadas
han sido precisos,
unos regando el agua
y otras vertiendo el vino
de la sangre. Nutrieron
de tal modo a la raza los siglos.

Juntos alientan vástagos
de beatos e hijos
de encomenderos con
los que tienen el signo
de descender de esclavos africanos,
o de soberbios indios,
como el gran Nicarao, que un puente de canoas
brindó al cacique amigo
para pasar el lago
de Managua. Eso es épico y es lírico.

Canción

Niñas que dais al viento,
al cielo y a la mar
la mirada, el acento
y el olor de azahar
que de vuestros cabellos
bellos
amamos respirar;

damas de sol y ensueño,
de luz y de ilusión,
que anima el dios risueño
dueño del corazón,
por vuestros ojos cálidos,
pálidos
los soñadores son.

Obras de arte del sacro
artista universal,
tan bello simulacro
dé su gracia fatal
y en tal estatua vibre,
libre,
la psique de cristal.

Pues sois de la existencia
la dicha en lo fugaz,
damas de sol y ensueño,
y vuestra dulce ciencia
suele ser eficaz,

quémese uno en tal fuego;
luego
puede dormirse en paz.

A doña Blanca de Zelaya

Señora: de las blancas que tenemos noticia
la primera sería Diana la Cazadora,
a menos que no fuese la diosa de Justicia,
o la que nos anuncia la entrada de la Aurora.

Después hay muchas Blancas entre la negra historia,
que astros de venturanza para los pueblos son,
ya perlas de consuelo, o diamante de gloria;
por ejemplo: la dulce Blanca de Borbón.

En un fondo de azul, como una estrella brilla,
siendo como la reina de las flores de lis,
la prestigiosa doña Blanca de Castilla,
decoro de las reinas y madre de san Luis.

En un ambiente de bizarría y fragancia,
otra blancura viene que prestigia y que da
a la maravillosa doña Blanca de Francia
la música de triunfo que por sus nupcias va.

Y en lo que el cronista preciosamente narra
entre lujos de justa y reflejos de lid
nos aparece doña Blanca de Navarra,
orgullosa, preclara y biznieta del Cid.

Mas ante este desfile que de la gloria arranca,
entre tantas blancuras siendo una regia flor,
por sencilla, por pura, por garrida y por blanca,
Blanca de Nicaragua nos será la mejor.

A Margarita Debayle

Margarita, está linda la mar,
y el viento
lleva esencia sutil de azahar;
yo siento
en el alma una alondra cantar:
tu acento.
Margarita, te voy a contar
un cuento.

Este era un rey que tenía
un palacio de diamantes,
una tienda hecha del día
y un rebaño de elefantes,

un kiosco de malaquita,
un gran manto de tisú,
y una gentil princesita,
tan bonita,
Margarita,
tan bonita como tú.

Una tarde la princesa
vio una estrella aparecer;
la princesa era traviesa
y la quiso ir a coger.

La quería para hacerla
decorar un prendedor,
con un verso y una perla,
y una pluma y una flor.

Las princesas primorosas
se parecen mucho a ti:
cortan lirios, cortan rosas,
cortan astros. Son así.

Pues se fue la niña bella,
bajo el cielo y sobre el mar,
a cortar la blanca estrella
que la hacía suspirar.

Y siguió camino arriba,
por la luna y más allá;
mas lo malo es que ella iba
sin permiso del papá.

Cuando estuvo ya de vuelta
de los parques del Señor,
se miraba toda envuelta
en un dulce resplandor.

Y el rey dijo: «¿Qué te has hecho?
Te he buscado y no te hallé;
y ¿qué tienes en el pecho,
que encendido se te ve?».

La princesa no mentía.
Y así, dijo la verdad:
«Fui a cortar la estrella mía
a la azul inmensidad».

Y el rey clama: «¿No te he dicho
que el azul no hay que tocar?
¡Qué locura! ¡Qué capricho!
El Señor se va a enojar».

Y dice ella: «No hubo intento;
yo me fui no sé por qué;
por las olas y en el viento
fui a la estrella y la corté».

Y el papá dice enojado:
«Un castigo has de tener:
vuelve al cielo, y lo robado
vas ahora a devolver».

La princesa se entristece
por su dulce flor de luz,
cuando entonces aparece
sonriendo el buen Jesús.

Y así dice: «En mis campiñas
esa rosa le ofrecí:
son mis flores de las niñas
que al soñar piensan en mí».

Viste el rey ropas brillantes,
y luego hace desfilar
cuatrocientos elefantes
a la orilla de la mar.

La princesita está bella,
pues ya tiene el prendedor
en que lucen con la estrella,
verso, perla, pluma y flor.

Margarita, está linda la mar,
y el viento
lleva esencia sutil de azahar:
tu aliento.
Ya que lejos de mí vas a estar,
guarda, niña, un gentil pensamiento
al que un día te quiso contar
un cuento.

En casa del doctor Luis H. Debayle

Esta casa de gracia y de gloria me augura,
en tan dulces momentos, que son de Epifanía,
como el amanecer de un encantado día
que iniciase las horas de una dicha futura.

Aquí un verbo ha brotado que anima y que perdura,
aquí se ha consagrado a la eterna armonía
por las rosas de idea que han dado al alma mía,
en sus pétalos frescos, la fragancia más pura.

Suaves reminiscencias de los primeros años
me brindaron consuelos en países extraños,
y hoy sé por el destino prodigioso y fatal,
que si es amarga y dura la sal de que habla el Dante,
no hay miel tan deleitosa, tan fina y tan fragante,
como la miel divina de la tierra natal.

> Y para Casimira
> el oro de la lira,
> y las flores de lis
> que junten la fragancia
> de Nicaragua y Francia
> por su adorado Luis.

VARIA

Santa Elena de Montenegro

Hora de Cristo en el Calvario,
hora de terror milenario,
hora de sangre, hora de osario.

La luna huraño humor destila
en la tumba de la Sibila
y *solvet saeclum in favila*...

Hécate aullante y fosca yerra,
y lanza el infierno su guerra
por las pústulas de la tierra.

El hambre medieval va por
sendas de sulfúreo vapor
y olor de muerte. ¡Horror, horror!

Ladran con un furioso celo
los canes del diablo hacia el cielo
por la boca del Mongibelo.

Tiemblan pueblos en desvarío
de hambre, de terror y de frío...
¡Dios mío! ¡Dios mío! ¡Dios mío!

Como en la dantesca comedia,
nos eriza el pelo y asedia
el espanto de la Edad Media.

Pasan furias haciendo gestos,
pasan mil rostros descompuestos;
allá arriba hay signos funestos.

Hay pueblos de espectros humanos
que van mordiéndose las manos.
Comienzan su obra los gusanos.

Falta la terrible trompeta.
Mas oye el alma del poeta
crujir los huesos del planeta.

Al ruido terráqueo, un ruido
se agrega profundo, inoído...
Viene de lo desconocido.

Entretanto la muchedumbre
grita sin fe, sin pan, sin lumbre,
alocada de pesadumbre.

Y bajo el obscuro destino
se oyen rechinar de contino
los rojos dientes de Hugolino.

Y todo espíritu se pasma
al ver entre el fuego y el miasma
retorcerse al dolor fantasma.

Arruga el ceño el *Deo Ignoto*,
y Átropos, Laquesis y Cloto
hacen señas al terremoto...

Ululan voces lamentables;
son idénticos y espantables
millonarios y miserables.

Van rebaños dolientes... Van
visiones de duelo y afán
cual vio en su apocalipsis Juan.

Y sobre ellas ceniza avienta
el corazón de la tormenta,
y un rincón divino revienta.

Y bajo sus pies huye el suelo,
y sobre sus frentes el duelo
cae de lo triste del cielo.

¡Oh asombro y miedo de las Musas!
¡Oh cabelleras de Medusas!
¡Oh los rictus de las empusas!

¡Oh amarga máscara amarilla,
ojos de luz siniestra brilla
y escenarios de pesadilla!

Acres relentes, voz que hiere
repentina, gente que muere...
¡Ay! ¡*Miserere*!... ¡*Miserere*!

¡Jardines que hoy son cementerios
destruidos por los cauterios
de los temerosos Misterios!

Región que el espanto prefiere
y en donde la Muerte más hiere...
¡Ay! ¡*Miserere*!... ¡*Miserere*!

¡Mas oíd un celeste *allegro*!
Es que pasa en el horror negro
Santa Elena de Montenegro.

Gaita galaica

Gaita galaica, sabes cantar
lo que profundo y dulce nos es.
Dices de amor, y dices después
de un amargor como el de la mar.

Canta. Es el tiempo. Haremos danzar
al fino verso de rítmicos pies.
Ya nos lo dijo el Eclesiastés:
tiempo hay de todo: hay tiempo de amar,

tiempo de ganar, tiempo de perder,
tiempo de plantar, tiempo de coger,
tiempo de llorar, tiempo de reír,

tiempo de rasgar, tiempo de coser,
tiempo de esparcir y de recoger,
tiempo de nacer, tiempo de morir.

A Mistral

¡Mistral! La copa santa llena de santo vino
alza el mundo por ti,
y lleva nueva sangre al corazón latino
su líquido rubí.

¡Gran patriarcal! ¡Tu canto lleva el mistral sonoro,
canto de amor y fe,
y alza su palma lírica tu Provenza de oro
por su gran Capoulié!

Provenza, que cultiva sus olivos y parras,
caída el verde laurel,
y al glorioso son de liras y cigarras
te corona con él.

Provenza canta himnos para su rey de cantos,
para su hijo inmortal,
y dice odas pindáricas, o dice salmos santos,
griega y pontifical.

Y las hermanas de Mireia, la preciosa
flor que el arquero hirió,
por su memoria ofrendan ramos de mirto y rosa
a quien vida le dio.

Sonad, trompetas que anunciáis la victoria
de ese amado del sol,
y que entre vuestro coro se oiga tocando a gloria
un clarín español.

Y que sobre los mares lleven los vientos libres
la divina verdad,
emperador de musas y rey de los felibres
de tu inmortalidad.

El clavicordio de la abuela

En el castillo, fresca, linda,
la marquesita Rosalinda,
mientras la blanda brisa vuela,
con su pequeña mano blanca
una pavana grave arranca
al clavicordio de la abuela.

¡Notas de Lully y de Rameau!
Versos que a ella recitó
el primo rubio tan galán,
que tiene el aire caprichoso,
y que es gallardo y orgulloso
como un mancebo de Rohan.

Va la manita en el teclado
como si fuese un lirio alado
lanzando al aire la canción,
y con sonrisa placentera
sonríe el viejo de gorguera
en los tapices del salón.

En el tapiz está un amor,
y una pastora da una flor
al pastorcito que la anhela.
Es una boca en flor la boca
de la que alegre y viva toca
el clavicordio de la abuela.

Es una fresa, es una guinda,
los labios son de Rosalinda,
que toca y toca y toca más.
¡Qué linda está la marquesita!
Es una blanca margarita,
tiene en su rostro abril y mayo;
en su mirada brilla un rayo;
con la cabeza hace el compás.

¡Qué linda está la marquesita!
Es una blanca margarita,
es una rosa, es un jazmín.
Su cabellera es un tesoro;
si ríe, brota un canto de oro
en su reír de querubín.

El cielo tiene sobre el traje:
si hay una nube, es un encaje,
espuma, bruma, suave tul;
como ella es blanca y sonrosada,
y de oro puro coronada,
¡qué bien le sienta el traje azul!

Ella hacia un lado inclina suave
la cabecita, como un ave
que casi va, que casi vuela;
y alza su mano el son sutil
de la blancura del marfil
del clavicordio de la abuela.

La niña, dulce cual la miel,
canta a compás rondó y rondel,
canta los versos de Ronsard;
y cuando lanza en su clamor
los tiernos versos del amor,
se pone siempre a suspirar.

Amor sus rosas nuevas brinda
a la marquesa Rosalinda,
que al amor corre sin cautela,
sin escuchar que en el teclado
canta un amor desengañado
el clavicordio de la abuela.

¡Amar, reír! La vida es corta.
Gozar de abril es lo que importa
en el primer loco delirio;
bello es que el leve colibrí
bata alas de oro y carmesí
sobre la nieve azul del lirio.

Y aunque al terrible viaje largo
empuja el ronco viento amargo
cuyo siniestro nombre hiela,
bien es que al pobre viajador
anime el vivo son de amor
del clavicordio de la abuela.

OTROS POEMAS

La Cartuja

Este vetusto monasterio ha visto,
secos de orar y pálidos de ayuno,
con el breviario y con el santo Cristo,
a los callados hijos de san Bruno.

A los que en su existencia solitaria,
con la locura de la cruz y al vuelo
místicamente azul de la plegaria,
fueron a Dios en busca de consuelo.

Mortificaron con las disciplinas
y los cilicios la carne mortal
y opusieron, orando, las divinas
ansias celestes al furor sexual.

La soledad que amaba Jeremías,
el misterioso profesor de llanto,
y el silencio, en que encuentran armonías
el soñador, el místico y el santo,

fueron para ellos minas de diamantes
que cavan los mineros serafines
a la luz de los cirios parpadeantes
y al son de las campanas de maitines.

Gustaron las harinas celestiales
en el maravilloso simulacro,
herido el cuerpo bajo los sayales,
el espíritu ardiente en amor sacro.

Vieron la nada amarga de este mundo,
pozos de horror y dolores extremos,
y hallaron el concepto más profundo
en el profundo «De morir tenemos».

Y como a Pablo e Hilarión y Antonio,
a pesar de cilicios y oraciones,
les presentó con su hechizo, el demonio
sus mil visiones de fornicaciones.

Y fueron castos por dolor y fe,
y fueron pobres por la santidad,
y fueron obedientes porque fue
su reina de pies blancos la humildad.

Vieron los belcebúes y satanes
que esas almas humildes y apostólicas
triunfaban de maléficos afanes
y de tantas acedías melancólicas.

Que el *Mortui estis* del candente Pablo
les forjaba corazas arcangélicas
y que nada podría hacer el diablo
de halagos finos o añagazas bélicas.

¡Ah! fuera yo de esos que Dios quería,
y que Dios quiere cuando así le place,
dichosos ante el temeroso día
de losa fría y ¡*Requiescat in pace*!

Poder matar el orgullo perverso
y el palpitar de la carne maligna,
todo por Dios, delante el Universo,
con corazón que sufre y se resigna.

Sentir la unción de la divina mano,
ver florecer de eterna luz mi anhelo,
y oír como un Pitágoras cristiano
la música teológica del cielo.

Y al fauno que hay en mí, darle la ciencia,
que al ángel hace estremecer las alas.
Por la oración y por la penitencia
poner en fuga a las diablesas malas.

Darme otros ojos, no estos ojos vivos
que gozan en mirar, como los ojos
de los sátiros locos medio chivos,
redondeces de nieve y labios rojos.

Darme otra boca en que queden impresos
los ardientes carbones del asceta,
y no esta boca en que vinos y besos
aumentan gulas de hombre y de poeta.

Darme unas manos de disciplinante
que me dejen el lomo ensangrentado,
y no estas manos lúbricas de amante
que acarician las pomas del pecado.

Darme una sangre que me deje llenas
las venas de quietud y en paz los sesos,
y no esta sangre que hace arder las venas,
vibrar los nervios y crujir los huesos.

¡Y quedar libre de maldad y engaño
y sentir una mano que me empuja
a la cueva que acoge al ermitaño,
o al silencio y la paz de la Cartuja!

Pequeño poema de carnaval

A la señora de Leopoldo Lugones

Ha mucho que Leopoldo
me juzga bajo un toldo
de penas, al rescoldo
de una última ilusión.
O bien cual hombre adusto
que agriado de disgusto
no hincha el cuello robusto
lanzando una canción.

Juzga este ser titánico
con buen humor tiránico
que estoy lleno de pánico,
desengaño o esplín,
porque ha tiempo no mana
ni una rima galana,
ni una prosa profana
de mi viejo violín.

Y por tales cuidados
me vino con recados,
lindamente acordados,
que dice que le dio
primavera, la niña
de florida basquiña
a quien por la campiña
harto perseguí yo.

No hay tal, señora mía.
Y aquí vengo este día,
lleno de poesía,
pues llega el carnaval,
a hacer sonar en grata
hora, lira de plata,
flauta que olvidos mata,
y sistro de cristal.

Pues en París estamos,
parisienses hagamos
los más soberbios ramos
de flores de París,
y llenen esta estancia
de gloria y de fragancia,
bellas rosas de Francia
y la hortensia y la lis.

¡Viva la ciudad santa
—de diabla que es— que encanta
con tanta gracia y tanta
furia de porvenir;
que es la única en el mundo
donde en sueños me hundo
con lo dulce y profundo
del gozo del vivir!

Viva, con sus coronas
de laurel, sus sorbonas,
y sus lindas personas
pérfidas como el mar;

viva, con *gamin* listo
estudiante y aristo,
y el gallo nunca visto
y el gorrión familiar.

Yo he visto a Venus bella,
en el pecho una estrella,
y a Mammón ir tras ella
que con ligero pie
proseguía adelante,
parándose delante
del fuego del diamante
de la rue de la Paix.

Creí tras los macizos
de un jardín, los carrizos
oír, llenos de hechizos,
de la flauta de Pan.

Reía primavera
dc la canción ligcra:
el griego dios no era.
Era el pobre Lelián.

Y ahora, cuando empache
la fiesta, y el apache
su mensaje despache
a la alegría vil,
dará púrpura a Momo
en un divino asomo
escapada de un tomo
la sombra de Banville.

Las musas y las gracias
vuelven de las acacias
con sus aristocracias
doradas por el luis;
y el avaro de Plauto
o Molière, irá incauto
tras las huellas del auto
al café de París.

Pero todo, señora,
lo consagra y decora,
lo suaviza y lo dora
la mágica ciudad
hecha de amor, de historia,
de placer y de gloria,
de hechizo y de victoria,
de triunfo y claridad.

¡Vivan los carnavales
parisienses! Los males
huyen a los cristales
de la viuda Clicquot.
¡Y pues que primavera
quería un canto, fuera
la armoniosa quimera
que llevo dentro yo!

Y de nuevo las rosas
y las profanas prosas
vayan a las hermosas,
al aire, al cielo, al sol:

vaya el verso con alas
y la estrofa de galas
y suenen cosas galas
con el modo español.

Así verá Lugones
cómo las ilusiones
reviven a los sones
del canto fraternal,
y brota el tallo tierno
en otoño o invierno.
¡Pues Apolo es eterno
y el arte es inmortal!

Que mire nuestro Orfeo
cumplido su deseo
y que no encuentre un reo
de silencios en mí,
y para mi acomodo
no emplee agudo modo,
pucs, «a pcsar dc todo»,
nuestro Hugo no era así.

¡*Vivat Gallia Regina*!
aquí nos ilumina
un sol que no declina;
Eros brinda su flor,
Palas nos da la mano
mientras va soberano
rigiendo su aeroplano
Ícaro vencedor.

¡Ah señora! yo expreso
mi gratitud, mi exceso
de gratitud, y beso
tanto ilustre laurel.
Celebro aulas sagradas,
artes, modas lanzadas,
y las damas pintadas
y los *maîtres d'hôtel*.

Y puesta la careta
ha cantado el poeta
con cierta voz discreta
que propia suya es;
y reencontró su aurora,
sin viña protectora
o caricia traidora
de brebaje escocés.

Sepa la primavera
que mi alma es compañera
del sol que ella venera
y del supremo Pan.
Y que si Apolo ardiente
la llama, de repente,
contestará: ¡Presente,
mi capitán!

Valldemosa

Vago con los corderos y con las cabras trepo
como un pastor por estos montes de Valldemosa,
y entre olivares pingües y entre pinos de Alepo
diviso el mar azul que el sol baña de rosa.

Y en tanto que el Mediterráneo me acaricia
con su aliento yodado y su salino aroma,
creo mirar surgir una barca fenicia,
una vela de Grecia, un trirreme de Roma.

Y me saca de mi éxtasis en la dulce mañana
el oír que del campo cercano llegan unas
notas de evocadora melopea africana
que canta una payesa recogiendo aceitunas.

Pían los libres pájaros en los vecinos huertos;
se enredan las copiosas viñas a las higueras,
y muestra el sexual higo dos labios entreabiertos
junto al ámbar quemado de las uvas postreras.

Plinio llama *Baleares funda bellicosas*
a estas islas hermanas de las islas Pitiusas;
yo sé que coronadas de pámpanos y rosas
aquí a un tiempo danzaron ante la mar las musas.

Y si a esta región dieron Catarina y Raimundo
paz que a Cristo pidieron Raimundo y Catarina,
aún se oye el eco de la flauta que dio al mundo
con la música pánica vitalidad divina.

Los motivos del lobo

El varón que tiene corazón de lis,
alma de querube, lengua celestial,
el mínimo y dulce Francisco de Asís,
está con un rudo y torvo animal,
bestia temerosa, de sangre y de robo,
las fauces de furia, los ojos de mal:
el lobo de Gubbia, el terrible lobo.
Rabioso ha asolado los alrededores,
cruel ha deshecho todos los rebaños;
devoró corderos, devoró pastores,
y son incontables sus muertes y daños.

Fuertes cazadores armados de hierros
fueron destrozados. Los duros colmillos
dieron cuenta de los más bravos perros,
como de cabritos y de corderillos.

Francisco salió:
al lobo buscó
en su madriguera.
Cerca de la cueva encontró a la fiera
enorme, que al verle se lanzó feroz
contra él. Francisco, con su dulce voz,
alzando la mano,
al lobo furioso dijo: —*¡Paz, hermano*
lobo! El animal
contempló al varón de tosco sayal;
dejó su aire arisco,
cerró las abiertas fauces agresivas,

y dijo: —*¡Está bien, hermano Francisco!*
¡Cómo! —exclamó el santo—. *¿Es ley que tú vivas*
de horror y de muerte?
¿La sangre que vierte
tu hocico diabólico, el duelo y espanto
que esparces, el llanto
de los campesinos, el grito, el dolor
de tanta criatura de Nuestro Señor?
¿No han de contener tu encono infernal?
¿Vienes del infierno?
¿Te ha infundido acaso su rencor eterno
Luzbel o Belial?
Y el gran lobo, humilde: —*¡Es duro el invierno,*
y es horrible el hambre! En el bosque helado
no hallé qué comer; y busqué el ganado,
y en veces comí ganado y pastor.
¿La sangre? Yo vi más de un cazador
sobre su caballo, llevando el azor
al puño; o correr tras el jabalí,
el oso o el ciervo; y a más de uno vi
mancharse de sangre, herir, torturar,
de las roncas trompas al sordo clamor
a los animales de Nuestro Señor.
Y no era por hambre, que iban a cazar.
Francisco, responde: —*El hombre existe*
mala levadura.
Cuando nace viene con pecado. Es triste.
Mas el alma simple de la bestia es pura.
Tú vas a tener
desde hoy qué comer.
Dejarás en paz

rebaños y gente en este país.
¡Que Dios melifique tu ser montaraz!
—Está bien, hermano Francisco de Asís.
—Ante el Señor, que todo ata y desata,
en fe de promesa tiéndeme la pata.
El lobo tendió la pata al hermano
de Asís, que a su vez le alargó la mano.
Fueron a la aldea. La gente veía
y lo que miraba casi no creía.
Tras el religioso iba el lobo fiero,
y, baja la testa, quieto le seguía
como un can de casa, o como un cordero.

Francisco llamó la gente a la plaza
y allí predicó.
Y dijo: *—He aquí una amable caza.*
El hermano lobo se viene conmigo;
me juró no ser ya nuestro enemigo,
y no repetir su ataque sangriento.
Vosotros, en cambio, daréis su alimento
a la pobre bestia de Dios. —¡Así sea!,
contestó la gente toda de la aldea.
Y luego, en señal
de contentamiento
movió testa y cola el buen animal,
y entró con Francisco de Asís al convento.

Algún tiempo estuvo el lobo tranquilo
en el santo asilo.
Sus bastas orejas los salmos oían
y los claros ojos se le humedecían.

Aprendió mil gracias y hacía mil juegos
cuando a la cocina iba con los legos.
Y cuando Francisco su oración hacía,
el lobo las pobres sandalias lamía.
Salía a la calle,
iba por el monte, descendía al valle,
entraba a las casas y le daban algo
de comer. Mirábanle como a un manso galgo.
Un día, Francisco se ausentó. Y el lobo
dulce, el lobo manso y bueno, el lobo probo,
desapareció, tornó a la montaña,
y recomenzaron su aullido y su saña.
Otra vez sintióse el temor, la alarma,
entre los vecinos y entre los pastores;
colmaba el espanto los alrededores,
de nada servían el valor y el arma,
pues la bestia fiera
no dio treguas a su furor jamás,
como si tuviera
fuegos de Moloch y de Satanás.

Cuando volvió al pueblo el divino santo,
todos lo buscaron con quejas y llanto,
y con mil querellas dieron testimonio
de lo que sufrían y perdían tanto
por aquel infame lobo del demonio.

Francisco de Asís se puso severo.
Se fue a la montaña
a buscar al falso lobo carnicero.
Y junto a su cueva halló a la alimaña.

—En nombre del Padre del sacro universo,
conjúrote, dijo, ¡oh, lobo perverso!,
a que me respondas: ¿Por qué has vuelto al mal?
Contesta. Te escucho.
Como en sorda lucha, habló el animal,
la boca espumosa y el ojo fatal:
—Hermano Francisco, no te acerques mucho...
Yo estaba tranquilo allá, en el convento,
al pueblo salía,
y si algo me daban estaba contento
y manso comía.
Mas empecé a ver que en todas las casas
estaban la envidia, la saña, la ira,
y en todos los rostros ardían las brasas
de odio, de lujuria, de infamia y mentira.
Hermanos a hermanos hacían la guerra,
perdían los débiles, ganaban los malos,
hembra y macho eran como perro y perra,
y un buen día todos me dieron de palos.
Me vieron humilde, lamía las manos
y los pies. Seguía tus sagradas leyes,
todas las criaturas eran mis hermanos,
los hermanos hombres, los hermanos bueyes,
hermanas estrellas y hermanos gusanos.
Y así, me apalearon y me echaron fuera.
Y su risa fue como un agua hirviente,
y entre mis entrañas revivió la fiera,
y me sentí lobo malo de repente;
mas siempre mejor que esa mala gente.
Y recomencé a luchar aquí,
a me defender y a me alimentar.

Como el oso hace, como el jabalí,
que para vivir tiene que matar.
Déjame en el monte, déjame en el risco,
déjame existir en mi libertad,
vete a tu convento, hermano Francisco,
sigue tu camino y tu santidad.

El santo de Asís no le dijo nada.
Le miró con una profunda mirada,
y partió con lágrimas y con desconsuelos,
y habló al Dios eterno con su corazón.
El viento del bosque llevó su oración,
que era: *Padre nuestro, que estás en los cielos...*

La rosa niña

A Margarita M. Guido

Cristal, oro y rosa. Alba en Palestina.
Salen los tres reyes de adorar al rey,
flor de infancia llena de una luz divina
que humaniza y dora la mula y el buey.

Baltasar medita, mirando la estrella
que guía en la altura. Gaspar sueña en
la visión sagrada. Melchor ve en aquella
visión, la llegada de un mágico bien.

Las cabalgaduras sacuden los cuellos
cubiertos de sedas y metales. Frío
matinal refresca belfos de camellos
húmedos de gracia, de azur y rocío.

Las meditaciones de la barba sabia
van acompasando los plumajes flavos,
los ágiles trotes de potros de Arabia
y las risas blancas de negros esclavos.

¿De dónde vinieron a la Epifanía?
¿De Persia? ¿De Egipto? ¿De la India? Es en vano
cavilar. Vinieron de la luz, del día,
del amor. Inútil pensar, Tertuliano.

El fin anunciaban de un gran cautiverio
y el advenimiento de un raro tesoro.

Traían un símbolo de triple misterio,
portando el incienso, la mirra y el oro.

En las cercanías de Belén se para
el cortejo. ¿A causa? A causa de que
una dulce niña de belleza rara
surge ante los magos, toda ensueño y fe.

¡Oh, Reyes! —les dice—. Yo soy una niña
que oyó a los vecinos pastores cantar,
y desde la próxima florida campiña
miró vuestro regio cortejo pasar.

Yo sé que ha nacido Jesús Nazareno,
que el mundo está lleno de gozo por él,
y que es tan rosado, tan lindo y tan bueno,
que hace al sol más sol, y a la miel más miel.

Aún no llega el día... ¿Dónde está el establo?
Prestadme la estrella para ir a Belén.
No tengáis cuidado que la apague el diablo;
con mis ojos puros la cuidaré bien.

Los magos quedaron silenciosos. Bella
de toda belleza, a Belén tornó
la estrella; y la niña, llevada por ella
al establo, cuna de Jesús, entró.

Pero cuando estuvo junto a aquel infante,
en cuyas pupilas miró a Dios arder,
se quedó pasmada, pálido el semblante,
porque no tenía nada que ofrecer.

La madre miraba su niño lucero;
las dos bestias buenas daban su calor;
sonreía el santo viejo carpintero;
y la niña estaba temblando de amor.

Allí había oro en cajas reales,
perfumes en frascos de hechura oriental,
inciensos en copas de finos metales,
y quesos, y flores, y miel de panal.

Se puso rosada, rosada, rosada...
ante la mirada del niño Jesús.
(Felizmente que era su madrina una hada,
de Anatole France o el doctor Mardrús).

¡Qué dar a ese niño, qué dar sino ella!
¿Qué dar a ese tierno, divino Señor?
Le hubiera ofrecido la mágica estrella,
la de Baltasar, Gaspar y Melchor...

Mas a los influjos del hada amorosa,
que supo el secreto de aquel corazón,
se fue convirtiendo poco a poco en rosa,
en rosa más bella que las de Sarón.

La metamorfosis fue santa aquel día.
(La sombra lejana de Ovidio aplaudía),
pues la dulce niña ofreció al Señor,
que le agradecía y le sonreía,
en la melodía de la Epifanía,
su cuerpo hecho pétalos y su alma hecha olor.

La canción de los osos

Osos,
osos misteriosos,
yo os diré la canción
de vuestra misteriosa evocación.

Osos negros y velludos del riñón de las montañas,
silenciosos viejos monjes de una iglesia inmemorial,
vuestros ritos solitarios, vuestras prácticas extrañas,
las humanas alimañas
neronizan y ensangrientan la selvosa catedral.

Osos tristes y danzantes que los zíngaros de cobre
martirizan; oso esclavo, oso fúnebre, oso pobre,
arrancado a las entrañas de los montes del Tirol;
sé leer en vuestros ojos y podemos hablar sobre
Atta Troll...

Osos blancos de los polos, bellos osos diamantinos,
nadie sabe que venís,
sobre el hielo, de un imperio de hombres blancos y divinos
que coronan con castillos argentinos
su país.

Osos,
osos misteriosos,
yo os diré la canción
de vuestra misteriosa evocación.

¡Arcas! ¡Víctima sangrienta! Plantas, flores, ecos, liras;
—Malhadado y cruento crimen del infausto Licaón;
en Arcadia los amores y los cánticos que inspiras,
y en el cielo, con Calixto, la inmortal constelación—.
Los dos osos son asombro para el toro y el león.

¡Va Criniso! Muchas ansias lleva el mozo y vida mucha;
si cual toro lucha fiero, como oso mejor lucha
quien de Egesta será esposo;
cruje el monstruo entre sus brazos en la lucha que se escucha:
¡Lucha, oso! ¡Lucha, oso! ¡Lucha, oso! ¡Lucha, oso!

Bellos osos de oro rojo que ya estáis en el regazo
del azul donde el zodiaco sublimiza su visión;
de lira hacedme oír el son;
dad saludos a la Virgen en mi nombre, y un zarpazo,
si podéis, al escorpión.

Osos,
osos misteriosos,
yo os diré la canción
de vuestra misteriosa evocación.

Danzad suave y cuerdamente;
que la peluda alpargata
cubra la prudente pata
cuyo paso no se siente.
Y bajo la huyente frente
mirad con ojo mañero
al gitano,
que canta con voz de oriente

un raro canto lejano
y hace sonar el pandero
con la mano
con que remienda el caldero.
A los sueldos de los pobres
encomienda alrededor vuestra persona,
y en el parche del pandero caen los cobres
por los osos, por el perro y por la mona.

Osos,
osos misteriosos,
yo os diré la canción
de vuestra misteriosa evocación.

A vuestro lado va la gitanilla.
Brilla
su mirada de negros diamantes,
y su boca roja es fresca;
gitanilla pintoresca,
gitanilla de Cervantes,
o Esmeralda huguesca.
Ya vosotros bien sabéis de quién os hablo,
pues cien veces junto a ella contemplasteis cola y cuernos
del señor don Diablo,
protector de las lujurias en la tierra y los infiernos.

Osos,
osos misteriosos,
yo os diré la canción
de vuestra misteriosa evocación.

Danzad, osos, oh cofrades, oh poetas;
id, chafad en las campiñas los tomillos y violetas,
y tornad entre las flores del sendero,
y danzad en el suburbio para el niño y el obrero,
para el hosco vagabundo de las escabrosas rutas,
para el pálido bandido que regó sangre y espanto,
y para las prostitutas
que mastican pan de crimen y de llanto.
Pues vuestra filosofía
no señala diferencia ni da halago ni reproche
a la mística azucena que adornó el pecho del día,
o a la lúgubre mandrágora de la entraña de la noche.

Osos,
osos misteriosos,
yo os diré la canción
de vuestra misteriosa evocación.

Osos ermitaños
que ponéis pavores
en pastores
y rebaños;
el agudo cazador advierte
que os ponéis en cruz ante la muerte,
o para dar el formidable abrazo
que ha de exprimir la vida
contra vuestro regazo;
vais en dos patas como el adanida,
es así que he admirado
vuestro andar de canónigo, o bien de magistrado.
Con la argolla al hocico sacudís vuestra panza.
¡Osos sabios, osos fuertes y cautivos, a la danza!

Osos,
osos misteriosos,
yo os diré la canción
de vuestra misteriosa evocación.

Y al pasar un entierro
os he visto en la senda con la mona y el perro,
entre el círculo formado por hombres zarrapastrosos.
Grotescos enterradores
iban conduciendo el carro de podredumbre y de flores;
como signo de respeto
descubríanse un mendigo y un soldado.
El gitano se acordó de su amuleto.
Y tú, oso danzarín domesticado,
se diría que reías como estando en el secreto
del finado,
de la losa, de la cruz y el esqueleto.

Osos,
osos misteriosos,
yo os diré la canción
de vuestra misteriosa evocación.

Mas no el réquiem, ni el oremus, ni el responso del gangoso
chantre llegue a vuestro oído,
sabio y suave oso;
mas el canto de las zíngaras, o la música del nido,
o la estrofa del poeta,
o el ruido de los besos, o el ruido
del amor errante ardiente en la carreta.

Bien sabéis: la vida es corta,
y teniendo en vuestras fauces una torta,
o un panal,
profesáis vuestros principios más allá del bien y el mal.

Osos,
osos misteriosos,
yo os diré la canción
de vuestra misteriosa evocación.

Ritmos íntimos

María, en la primavera
era
como una divina flor.
En la primavera estamos,
amos
de la vida y del amor.

María, sé la gallarda;
arda
tu corazón sin razón,
y ten la dicha que espero,
pero
dentro de tu corazón.

¡Oh, primaveral María!
Dios
te diera tantos diamantes
como los
amantes
que te besarán los pies.

Y después,
con muchas cosas supremas,
un palacio de oro y gemas.
Y después...
Un príncipe enamorado
a tu lado,
para besarte los pies.

Estupendos pavos reales
a tus males
llevarán consolación,
y soberanos lebreles
siempre fieles,
soñarán tu corazón.

Estatua viva y gallarda,
por ti arda
una misteriosa flor.
Y vibrante y anhelante
sé la amante
de la vida y del amor.

Deshójate como rosa.
Sé la esposa
de toda ilusión fugaz,
pues el tiempo al amor muerde,
y la ilusión que se pierde
ya no nos vuelve jamás.

Y así, María, sé blanca,
sé rosada y sé gentil,
sé melodiosa y sé franca
y de mañana y de abril.

Sé muy fragante y muy buena,
parecida a la azucena.
Sé apasionada y sé fina,
parecida a la eglantina.
Sé rosada y orgullosa
como si fueras la rosa.

En fin, María, sé bella,
sé parecida a la estrella;
toda luz, toda claror.
¡Vuela del mundo pequeño,
sé parecida al ensueño
al ensueño y al amor!

Balada de la bella niña del Brasil

Existe un país encantado
donde las horas son tan bellas
que el tiempo va a paso callado
sobre diamantes, bajo estrellas.
Odas, cantares o querellas
se lanzan al aire sutil
en gloria de perpetuo abril,
pues allí la flor preferida
para mí, es Ana Margarida,
la niña bella del Brasil.

Dulce, dorada y primorosa,
infanta de lírico rey,
es una princesita rosa
que amara Katy Grenaway.
Buscará por la eterna ley
el pájaro azul de Tyltil,
si tú, oboe, arpa, añafil,
cuando aurora a vivir convida,
adorable a Ana Margarida,
la niña bella del Brasil.

¡Princesa en flor, nada en la vida
hecho de oro, rosa y marfil,
iguala a esta joya querida:
la pequeña Ana Margarida,
la niña bella del Brasil!
Existe un mágico Eldorado
en donde amor de rey está,

donde hay Tijuca y Corcovado,
y donde canta el sabiá.
El tesoro divino da
allí mil hechizos y mil
sueños; mas nada tan gentil
como la flor de alba encendida
que he visto en Ana Margarida,
la única bella del Brasil.

Danzas gymnesianas

Danzan, danzan los payeses
las boleras mallorquinas;
forman sus ochos y eses
al son de las bandolinas.

Danzar veo una pareja;
él danza como los majos;
ella está toda bermeja
y tiene los ojos bajos.

Cantan los músicos alto
a acompasados compases;
el bailarín da su salto
y hay pases y contrapases.

Otra mujer se aficiona,
si algo gallarda algo fea,
y aunque es un poco jamona
muy bien que se zarandea.

Luego va una adolescente
calipigia y de ojo brujo,
con una cara inocente,
de hacer pecar a un cartujo.

Y al vocerío sonoro
ella gira y se gobierna
con tal cuidado y decoro
que apenas se ve la pierna.

La payesita galana
no mueve, en su fuga arisca,
el talle, a la gaditana,
los senos, a la morisca.

Sino que ella, como el
compañero payesito,
desempeñan el papel
como quien oficia un rito.

Se regocija la sala
cuando hecha rosa y jazmín
sale una alegre zagala
con un payés chiquitín.

A ella en sus vueltas graciosas
el dulce ritmo la impele,
y él hace unas raras cosas
con sus brazos de pelele.

Los mozos están gozosos,
las niñas tienen ojeras,
y hay indicios voluptuosos
en estas graves boleras.

Ya no hay buenos feligreses,
ya no hay beatas Catarinas...
Danzan, danzan los payeses
las boleras mallorquinas.

ÍNDICE

Este libro se terminó de editar en Granada
en septiembre de 2024 por

www.aversopoesia.com
hola@aversopoesia.com